JN441354

써니의
공황장애
분투기

차 례

제2장
*
써니가 제안하는 극복 노하우

프롤로그_ 잠 못 이루는 밤이여!

- 아! 또 그분이 오셨네.

새벽 두 시쯤일까. 그동안 잠잠하던 사이에 문득 그분이 찾아왔다. 우리 부부의 은어인 '그분'은 바로 공황장애 증상이다.

- 왜? 두근거려?

- 응. 짜증나. 일단 호흡 좀 하고 자야겠어. 내일 정신과에 가봐야 할까 봐.

- 그래, 나 필요하면 알려줘.

- 알았어. 내가 알아서 할테니 그냥 주무셔.

그 다음 날 써니는 동네 내과에 가듯 자주 가던 정신과를 찾았다. 모처럼만의 방문이지만 아침에 전화를 해서 비교적 예약이 덜 차 있는 시간을 파악한 후 잠시 기다렸다 의사를 만났다. 정신과 의사는 써니에게 약간의 처방전을 발행하면서 아주 훌륭하게 대처했다고 칭찬했다. 적이 누구인지 알고 침착하게 잘 대응했다는 것이다.

이렇듯 공황장애는 지난 몇 년 동안 잠잠했다가도 불시에 찾아오곤 한다. 물론 예전만큼 호들갑스럽게 맞이하지는 않지만 기분이 찜찜한 것은 어쩔 수 없다.

내 아내인 써니는 강인한 여자다. 다만, 몸이 강인한

것은 아니다. 연약한 몸을 가지고 태어나 온갖 어려움을 극복하고 두 아이의 엄마가 되어 40대 중후반을 지나고 있다. 뭐든 열심이어서 목표를 정하면 결국 이루고야 마는 정신을 가진 것은 틀림이 없다. 그래서 나는 써니를 강인하다고 본다.

주변에 비슷한 증상으로 써니가 만나는 사람들을 보면 엇비슷한 면이 있다. 대부분 신체적인 능력이 뛰어나진 않다. 운동 자체를 싫어하거나 평생 운동을 해본 적이 없는 사람들도 많다. 그래서 나는 속으로 '어쩌면 공황장애는 마음보단 몸이 연약해서 오는가보다'하고 생각한다. 공황장애가 와서 몸이 약해진 것이 아니라 몸이 약하고 평소 운동을 안 하는 경우에 공황장애가 더 잘 걸린다고 보는 것이다. 물론 운동선수에게도 공황장애가 오는 것을 보면 다 해당되는 것은 아니지만, 보편적으로 일반인들을 보면 그렇다는 것이다. 아마도 운동선수에게는 그 종목에서 오는 스트레스가 과중해서 오는 것이리라. 운동보단 전환이 필요할 것이다.

써니의 경우 공황장애가 발생한 지 15년이 되어간다. 요즈음엔 거의 증상이 없지만, 그렇다고 완전히 없어진 것은 아니다. 그저 보균자처럼 몸 속에서 함께 지낼 뿐이다. 그래도 예전의 불안과 공포는 이제 느껴지지는 않는다. 얼마나 감사한 일인가. 보균한 균을 다스리고 관리하는 주체가 건강하고 똑똑하다면 당신의 공황장애는 그저 영원히 웅크리고 있을 것이 분명하다. 사라지지는 않더라도 말이다.

이 책은 써니 같은 사람들만을 위해서 쓴 책은 아니다. 써니의 주변에 있는 사람들을 위해서 썼다고 보는 게 정확하다. 써니와 같은 사람들은 어느 정도는 아는 사실인데, 문제는 주변에 있는 사람들이 잘 알지 못한다. 알지 못하고 던지는 말 한마디가 더 공황 속으로 몰아간다는 사실을 주지해야 한다. 바로 예전의 나처럼 말이다.

TOGETHER

제 1 장
써니의 공황장애 분투기

시작은 미미하였으나

공황장애는 어떻게 시작되었을까. 나는 종종 써니와 언제 이것이 왔을까 하고 이야기를 나눈다. 흔히들 공황장애를 공황발작이라 여겨서 발작이 일어나야 공황장애가 시작되었다고 한다. 그러나 내 생각에는 훨씬 이전부터 시작되는 전조적인 느낌이 있다. 그것은 일반적인 것이 아닌 강하고 오래 남는 불쾌하고도 낯선 경험이다.

써니의 경우엔 첫째 아이를 가진 어느 겨울. 9개월째라 만삭을 맞이하는 중에 그 느낌이 왔다. 마침 크리스마스. 아기 예수와 그분이 같이 오신 것이다. 날이 날인 만큼 평생 교인이던 우리가 성탄절을 집에서 보낼 수는 없어, 평소 다니던 교회가 다소 거리가 있어서 집과 가까운 교회를 찾아갔다. 덕이 많은 교회로 소문이 나서 기대감과 설렘을 안고 성탄절 예배를 하러 갔는데, 지하로 계속 내려갔다. 아마 지하 4층쯤 되었을까. 날이 추운 겨울이라 많은 사람들이 다들 두툼한 점퍼를 두르고 예배당을 채웠다. 절기가 절기인 만큼 말이다. 예배는 감동적이었고 설교는 훌륭했으며 교인들은 신사다웠다. 그러나 써니만 불편했다. 배불뚝 만삭에, 깊은 지하에, 까만 파카를 입은 거대한 불곰 같은 사람들 사이에서 땀을 삐질삐질 흘리다 축도와 함께 예배당을 탈출했다.

- 여보! 나 숨 막혀. 너무 답답해. 숨을 못 쉬겠어.
- 그래, 나도 힘들었어. 좌우 옆으로 사람도 많아 힘들었지?

땀을 흠뻑 흘린 아내는 숨을 가다듬으며 바로 집으로 가서 그대로 뻗을 수밖에 없었다. 나중에 들어보니 정말 죽는 줄 알았다고 했다. 지금이야 '저는 공황이 있어 의자 사이에는 못 앉고, 어떤 때는 바로 밖으로 나가야 합니다.'하고 양해를 구하고 밖을 향해 앉거나 눈치 주는 시선을 외면한 채로 중간에 나가버리면 되는데, 당시엔 그저 어쩔 수 없는 답답한 상황이라 여기곤 했다. 그렇게 폐소공포증 형태의 그분이 오셨다.

그로부터 1~2년 정도 흘러 써니는 친구들과 함께 오랜만에 시내 나들이를 했다. 주말이라 지하철이 그리 빡빡하지 않았는데, 갑자기 얼굴이 하얘지더니 지하철 안에서 답답함을 느꼈단다.

- 너 갑자기 얼굴이 너무 하얘. 괜찮니?

- 아! 나 갑자기 숨을 못 쉬겠어. 다음 역에 일단 내리자.

그렇게 몇 번을 반복해서 쉬다 됐다를 하면서 집으로 돌아왔다. 지하철 안에서는 도저히 숨을 못 쉴 지경에 등엔 식은땀으로 범벅이 되었다. 어떻게 어떤 정신으로 집으로 돌아왔는지 기억조차 없다고 한다.

다행히 집으로 돌아와 안식을 취하면서 몸은 회복되었다. 평소에도 몸이 좋지 않았던 터라 그저 허약해서 그러려니 했다. 그런 경우를 서너 번 겪다가 또 다른 유형이 등장했다.

처음엔 폐소공포증, 다음엔 건강염려증

아이가 아프면 유난히 벌벌 떠는 써니. 처음엔 나도 정말 무서운 병일 수도 있다고 생각해서 같이 병원도 가면서 이것 저것 수발을 들었다. 가끔은 정말 콧물이

기침으로, 기침이 모세기관지염으로 번져가기도 했다. 복통도 정말 가끔은 장염으로 진행되곤 했다. 하지만 대부분은 그저 많은 아이들이 겪는 가벼운 증상이었다.

그럼에도 여느 엄마들보단 유난히 질병에 공포가 많았다. 의학적 관심도 과할 정도로 파고 들어가 배가 아프면 생길 수 있는 극단적 상황까지도 알아내서 스스로 공포에 갇히곤 했다.

둘째를 임신하고 만삭인 어느 날 이른 아침이었다.

- 여보! 우리 애가 배가 아픈가 봐.
- 왜?
- 자꾸 배 아프다고 잠을 설쳤어. 아가야 괜찮니?

세 살 가까이 된 첫째가 약간의 복통에 시달리는 듯했다. 시간이 6시쯤 지나고 있었다.

- 안 되겠어. 119에 신고하고 병원에 가야겠어.
- 정말? 내가 보기엔 좀 기다렸다 가까운 병원에 가면 될 거 같은데.

- 그러다 정말 큰일나면 어쩌려구. 아가야~~~, 눈 떠! 눈 감으면 안돼!

써니는 첫째가 잠들지 못하도록 자꾸 볼을 흔들어 깨웠다. 내가 보기엔 피곤에 지쳐서 졸다 자다 하는 것 같은데, 써니가 보기엔 장폐색이 생겨 위험한 상황으로 인식한 것이다.

- 여보! 빨리 119 불러. 무서워. 빨리!

써니가 자꾸 보채다 보니 나도 어쩌면 그럴 수 있겠다 싶어 119를 불렀다. 서둘러 아이를 등에 업고 내려왔고 저 멀리 구급차가 오는 것이 보였다. 아내는 냅다 달리면서 "여기에요~~~!"하고 손을 흔들며 소리쳤다. 만삭인데도 저런 힘은 어디서 나올까.

구급차에 타자 손가락에 심장 박동 센서를 붙이고 가까운 대학병원 응급실로 갔다. 도착하니 8시쯤. 응급실 의자에 앉아 아이를 품에 안고 의료진을 기다리니 밤새 피로에 찌든 의료진들의 표정이 우리를 위축시켰다.

아이도 품에서 피로에 지쳐 잠들고, 의료진도 눈꺼풀이 풀린 상태이다보니 당당하게 뭘 요구할 처지가 아니었다. 의료진 한 분이 잠깐 상태를 보더니 곧 외래진료가 시작되니까 기다렸다 진료를 받으란다. 좀 봐 달라고 하려다 분위기가 분위기인지라 알았다고 하고 소아과 외래진료를 받으러 갔다. 소아과에선 예약을 하지 않고 왔으니까 한두 시간 정도 기다려야 된다고 했다. 참 난감했다.

- 여보! 우리 그냥 택시 타고 집으로 갔다가 우리 다니던 소아과로 가자.

그렇게 우리 셋은 다시 택시를 타고 집으로 왔고, 가까운 병원에서 처방을 받아 복통 치료를 받을 수 있었다.

아내의 건강염려증은 둘째를 낳고 최고조에 올랐다. 그도 그럴 것이 둘째는 태어나면서부터 산후조리원에서 로타바이러스에 감염되어 인큐베이터에서 일주일 남짓 지냈다. 갓난아기 때부터 강한 항생제를 써서 응급실에서 보내다 보니 열 살 남짓이 될 때까지 장염에 자주 걸렸고, 천식 진단도 받았으며 모세기관지염도 자주 달고 살았다.

5살 정도 될 때까지 대학 병원에 자주 입원을 했고, 천식으로 인해 하루에도 몇 번씩 네블라이저 치료를 해야 했고, 주기적으로 폐기능 검사를 받아야만 했다. 특히 열감기나 장염에 걸리면 열이 잡히지 않아 매우 고생하곤 했다. 밤새 아기를 벗겨놓고 물수건으로 닦고 주무르는 일을 서너 달마다 주기적으로 하다 보니 지겹기도 했다. 해열제를 먹여도 겨우 두어 시간만에 또 열이 펄펄 오르니 애가 타는 일이 반복되다 도저히 안 되겠다 싶으면 응급실에 가서 해열주사를 맞고 돌아오곤 했다. 그런데 그렇게 하면 열은 잡히는데 온도가 35도나 그 언저리 아래까지 내려오는 저체온 현상이 따라왔다. 그런 때라면 의사는 의식을 깨우라고 하니 이래저래 괴롭긴 마찬가지였다.

그분의 강림

- 여보! 나 죽을 것 같아.
- 왜? 뭐가 어떤데?
- 숨을 못 쉬겠어. 나 좀 병원에 데려가줘.
- 애들은 어떻게 하지? 일단 M집사님한테 전화 좀 해 볼게.

새벽 두 시. 가까이 계시면서 형님처럼 알던 집사님께 양해를 구했다. 기꺼이 달려와 주셨다. 아이들이 여섯 살, 세 살쯤 되었을까. 잘 자고 있지만 그냥 두고 병원에 갈 수는 없었다. 아이들을 집사님께 맡기고 응급실로 향했다. 아내는 몸을 부들부들 떨면서 제대로 몸을 가누질 못했다. 열은 정상인데 오한에 걸린 것처럼 온몸을 떨고 있었다. 병원 응급실에 가서 심전도를 하는데, 몸이 떨려서 검사를 받을 수 없었다. 그래도 병원에 가니 점차 안정을 찾았고, 몇 가지 혈액검사와 심전도 검사, 복부 검사 등을 받고 나서 정상이란 진단을 받았다. 나는 그때 머릿속으로 강하게 스쳐가는 느낌이 왔다.

'아! 정신적인 문제구나.'

- 환자분은 일단 데이터로 볼 때 정상으로 보입니다. 지금도 어디가 불편하신가요?
- 아뇨! 지금은 괜찮은 것 같아요.

- 그럼, 일단 들어가시고 내일 외래진료를 받아보세요.

그렇게 우린 집으로 돌아왔다. 이렇게 공황장애 증상이 표면적으로 나타난 것은 답답한 느낌과 건강에 대한 염려증이 생기고나서 2, 3년 정도 지난 후였다. 나중에 알았지만 공항발작이라고 하는 이런 형태의 현상은 한번 오기 시작하니까 갑작스레 그리고 생각보다 자주 찾아오곤 했다.

- 여보! 당신 정신과에 가봐야겠어.
- 내가? 왜?
- 이건 정신적인 문제 같아. 아마도 공황장애?
- 뭐? 그게 뭔데.
- 글쎄. 나도 알아보는 중인데 어디서 들어본 것 같아.

곰곰이 써니의 증상을 보면서 나도 연구하기 시작했다. 써니는 평소에도 소화가 잘 안 된다고 하고 자주 어지럽다며 내과를 찾아다녔고, 목과 어깨가 너무 아프다고 정형외과에 자주 다녔고 가끔은 한의원에 가서 침도 맞곤 했다. 산부인과도 빼놓을 수 없었다. 실제로 자궁에 작은 혹이 있었고 갑상선에도 제법 큰 혹이 있어 주기적으로 진찰을 받아야만 했다. 그 중 가장 심한 것은 빈혈과 갑상선저하증 초기 증상이었다. 어쩔 수 없이 내과에 가서 혈액검사를 주기적으로 받는 것은 숙명이었다.

여기에 병원 과목이 그저 정신과 하나 추가된 것뿐이라고 난 에둘러 알려주었다. 솔직히 나도 정신과에 가본 적은 없었지만, 정신과에 가는 것에 대해 매우 특별한 경우에만 가는 것이 아니란 생각은 평소에도 갖고 있었다. 오히려 차라리 잘 발견되어 생활의 질이 나아지면 더 좋을 것이란 기대감이 있었다.

일단 가까운 병원을 검색했다. 대학 병원은 접근성이 힘드니 가깝고 자주 달려갈만한 로컬 정신과를 찾았다. 그래서 가까운 역 주변의 A정신과를 찾아갔다.

정신과 탐방기

써니가 한 번 공황발작을 경험하고 나니 밤에 잠들기가 무서운 것 같았다. 그분이 하필 밤에 찾아왔기 때문인가보다. 나는 최대한 빨리 써니를 데리고 A정신과에 찾아갔다.

- 어떻게 오셨나요?
- 저기요, 제가 엊그제 오한 같은 게 와서 응급실에 갔었고요……. 가끔 가슴이 답답하고, 어떤 때엔 숨을 쉴 수 없어요. 그리고 목 뒤로 뭐가 땡기는 듯한 기분이고요. 소화도 잘 안 되고요. 침대에 눕기가 무섭고요. 또 누우면 어지럽고요. 죽을까 봐 무섭고요…….
- 그거 전부 공황장애 증상입니다.

그랬다. 의사는 전부 들어보고 100프로 공황장애 증상이라고 확신을 했다. 그러면서 3일분 약을 처방해주었다. 그렇게 정신과에 처음 발을 디뎠다.

정신과 치료를 받고 나니 생활의 질이 많이 좋아졌다. 약 효과가 있었는지 잠도 잘 잤고, 잠을 잘 자니까 컨디션이 돌아왔다. 그렇다고 빈혈이 없어지는 것은 아닌지라 어지럽거나 소화가 안되면 다시 내과에 가곤 했다. 그야말로 병원 순례 인생이었던 것이다. 내과-정신과-외과-한의원-산부인과. 그리고 가끔은 신경과. 아이들과는 소아청소년과.

그런데 정신과를 다니다 보니 생각보다 번거롭고 비용도 꽤 들었다. 문제는 언제까지 이렇게 계속 다녀야 하냐는 것이었다. 처음 방문했을 때 30분 정도 상담받고 3일분 약 처방해주고 3만원 가까이 들었다. 다면화 검사를 하면서 20~30만원 정도 검사 비용이 들었고, 계속 다닐 때마다 3일꼴로 3만원 가까운 약 처방 비용이 들었다.

일단 긴급한 불을 끄고 나니, 보다 더 나은 병원을 알아보기 시작했다. 검색을 많이 하다 보니 상담료 외에는 건강보험으로 약 처방을 받을 수 있는 병원이 생각보다 많았다. 그래서 다른 병원을 알아보다 찾아갔다. 알아보니까 이전 병원에서 처방받은 약들도 전부 건보료 혜택을 받을 수 있는 것들이었다. 약간의 배신감이 들었지만, 좋은 경험이라 생각하고 다른 병원에서 건보료 혜택을 받으면서 저렴하게 약 처방을 받을 수 있었다.

그런데 거기에서는 써니와 맞는 처방을 받기가 어려웠다. 나중에 안 사실이지만, 정신과 약이 한 번에 딱하고 맞기가 생각보다 어려운 것이라는 것을 알았다. 약이 약하면 효과가 없고, 또 약이 강하면 계속 울렁거리고 어지러웠다. 약 종류도 천차만별이었다. 그야말로 내 상태와 약이 잘 맞는다는 것도 복 중의 복인 것이었다. 또 한편으로는 약을 계속 의지하는 것도 바람직한 것은 아니란 생각이 들었다. 결국 약 없이 잘 사는 법을 터득해야만 했다.

아무튼 이래저래 이곳저곳을 탐방하거나 두어 달씩 다니기도 하고 잠잠했다가 다시 재발하면 다니면서 네다섯 군데의 정신과를 탐방했던 것 같다. 그 중에는 신학공부를 하면서 정신과 박사 학위를 가진 분도 계셨는데, 여러 도움을 얻었다. 그러나 정신과 주치의와는 물리적 거리도 고려해야 했다.

그러다 오랜 시간이 지나면서 교회 권사님 덕분으로 정말 써니와 딱 맞는 주치의를 만날 수 있었다. 그 권사님도 공황장애를 겪고 있었기 때문이었다. 그 병원은 모든 비용이 대체로 저렴했고, 약은 전부 건보료 혜택을 받을 수 있었다. 기본 진료비 역시 만 원 남짓으로 부담이 적었다. 가끔씩 하는 여러 검사들도 기본 비용만으로 처리해 주었다. 환자도 많은 편이었지만, 급하면 언제든 찾아와도 잠시 기다렸다 친절하게 맞아주었다. 지금은 그 병원을 중심으로 필요할 때마다 찾아가면서 '그분'을 잘 관리하고 있다.

나 사실 강한 여자야

사람들은 공황장애에 걸렸다, 불안이 너무 많다고 하면 일단 마음이 약해서 그렇다는 둥, 믿음이 약하니 새벽기도를 해보라는 둥의 이야기를 종종 한다. 그런데 많은 부분은 오해이다. 내 단짝인 써니도 워낙 이런 말을 많이 들어서 내가 오해를 씻어줄 겸 몇 가지 사례를 들어볼까 한다.

써니와 나는 캠퍼스 커플이다. 늘 목젖이 보일 만큼 해맑게 웃어서 그것에 반해 인연을 맺었지만, 결혼하기엔 난 가진 것이 없었다. 정말이지 결혼할 때 수중엔 200만원이 전부였다. 아내는 수년간 직장생활을 해서 모은 2000여만 원을 가지고 나와 함께 살림을 차렸다. 난 마포에서, 아내는 강남에서 직장생활을 했는데, 어느 하나라도 출퇴근이 편했으면 해서 어쩔 수 없이 강남보단 마포 상수동 근처에서 살림을 시작했다.

본인이 비용을 다 내고, 또 본인이 지하철을 세 번을 갈아타면서 출퇴근을 한다고 해서 불만이 있을 법도 한데, 그것에 대해 한 마디 원망을 들어본 적이 없다. 게다가 양쪽 모두 양가에서 뭐라도 받을 처지도 아니었다. 가진 게 없다 보니 마을버스 종점 부근의 다 쓰러져가는 2층짜리 건물 2층에 옥탑방같은 방을 얻어 신혼살림을 시작했다. 창틀은 삭은 나무창 하나뿐이어서 외풍이 어마어마했고, 화장실도 큰일을 보려면 대각선 방향으로 조준을 해야 했다.

추운 겨울이 되면 생각나는 에피소드가 있다. 결혼하고 나서 첫 설이라 시골에 내려갔는데, 날이 너무 추웠다. 시골갈 때 행여 동파가 될까 해서 씽크대 물이 졸졸 흐르도록 살짝 틀어놓고 시골에 다녀왔다. 그런데 집에 들어서니 바닥이 미끈했다. 빙판이 된 것이다. "어? 뭐지?" 하는 순간 씽크대를 보니 거대한 얼음폭포가 아래로 쏟아져 내려와 통째로 얼어붙어 있었다. 아마도 아래로부터 배수관이 얼어서 씽크대 전체가 얼다 보니, 물이 흘러 내려와 아래로 넘쳐 전부 그대로 얼어버린 것이다. 물이 얼음폭포를 타고 바닥에 내려와 전부 아이스링크처럼 된 것이다. 수도와 씽크대도 엿가락같은 얼음으로 이어져 있었다.

그러나 가장 놀란 것은 아내의 태도였다.

- 뭐해! 빨리 깨서 치우자.

하면서 망치와 쓰레받기를 가져와 바닥을 통통 깨고 얼음을 쓸어 담아 화장실로 치웠다. 나는 그저 멍하니서 있었는데 말이다.

- 여보! 나 내일 아침 출근하게 머리 감을 물만 준비 해 주라.

그저 그 한마디가 다였다. 나는 큰 양동이와 망치를 갖고 옥상으로 올라가 수조통 뚜껑을 열어 위에 있던 얼음을 깨고 물을 담아와서 큰 통에 끓여서 더운 물을 준비해 주었다. 그것으로 너무 고맙다고 했다.

물이 제대로 나오기까진 열흘 이상이 걸렸다. 수도를 녹이다 드라이기가 과열이 되어 한 쪽이 녹아서 불이 날 뻔하기도 했다. 그러나 써니는 단 한 번도 원망하지 않았으며 아침마다 불편하게 더운 물을 준비해서 씻고, 상수동에서 청담동까지 결코 가깝지 않은 거리를 수년간 출퇴근을 했다.

첫째를 낳고선 어쩔 수 없이 집 가까운 데로 직장을 옮겼고, 최소한의 산후휴가로 3개월 정도 쉰 다음 바로 출근했다. 지금처럼 육아휴직이 자리를 잡은 것도 아니고, 직원도 달랑 두 명이라 인력이 부족했다. 직장 근처로 아이를 맡기고자 새벽에 일어나 운전연습을 했다. 둘째를 낳은 뒤론 치과 위생사 일을 그만 두고 육아에 전념했지만, 여유가 생기면 어린이집 조리사로, 학교 조리 보조로, 물류센터에서 택배를 쌓기도 하는 등 여러 가지 일을 하면서 시간을 보냈다.

이렇듯 써니는 절대 마음이 약한 여자가 아니다. 그런데 많은 사람들은 마음이 유약해서 불안과 공황장애가 있다고 생각한다. 공감하려는 태도가 없는 조언은 때론 소통할 생각이 없다는 말과 다르지 않다. 특히나 가까이 있는 부모나 교회 교우, 친구들이 이런 말을 하면 더 섭섭할 수 있으니 가까울수록 조심해야 한다.

너는 너무 예민해, 별것도 아닌데 너무 호들갑이야

써니가 자신의 부모님에게 가장 많이 들었던 말이 바로 이 말이다. 내가 보기엔 써니의 부친은 가장 완벽하신 분이셨다. 집안의 가장으로서, 교회의 수석 장로로서 어떤 일에도 열심이셨고, 생각도 명료하고 바르셨다. 그러다 보니 자식에게도 본인처럼 잘 살기를 바라셨다. 물론 써니도 부친의 생활력을 닮아 끈끈한 삶을 살아왔지만, 몸도 그렇게 따라준다는 보장은 없었다.

마음은 가는데 몸이 안 따라주면 괴로운 것이 세상 이치이다. 그런데 그것을 가장 가까운 사람들이 몰라주는 것만큼 서러운 것은 없다. 그런 면에서 남편인 나는 어쩌면 가장 많은 상처를 준 사람에 속한다.

- 별것도 아닌데 너무 호들갑 떠는 거 아녀?

이 말은 내가 써니를 잘 모르고 했던 말들 중에 가장 많이 했던 말이다. 지금도 가끔 응급실에 가자고 할 때마다 이 말들을 했던 것에 대해 후회를 하곤 한다. 지금은 어떨까.

- 여보! 나 응급실에 가야할까 봐.
- 그래? 죽을 것 같아?
- 응, 근데 사실 별것 아닐 것 같아. 그런데도 가야할까 봐.
- 그래, 빨리 가자. 필요한 거 챙겨.

그렇다. 지금은 써니의 안정이 최우선이다. 써니가 가고 싶다면 그냥 데려다주면 된다. 본인도 안다. 가봐야 별것 없을 것이라는 것을. 그러나 한편으로는 '진짜 죽을 병이면 어쩌지?' 하는 불안감도 살짝 들 것이다. 나는 그저 써니의 결정을 지지하며 도와주면 된다. 그럼 잠깐 번거롭지만, 훨씬 깊은 안정감을 선사할 수 있다.

하나님! 제가 믿음이 없는 건가요?

특히나 교회를 다니면서 공황장애를 겪는 사람들에게는 이런 죄책감이 크다.

'아무 것도 염려하지 말라', '너희 염려를 주께 맡기라'

정말이지 이런 구절이야말로 공황장애를 겪고 있는 모든 신자들에게 고통이다.

써니는 모태신앙인이다. 부친이 장로님이고 모친이 권사님이다. 두 분 다 덕망 있기로 교회에서 소문이 난 분들이다. 써니 역시 모범적인 신앙생활을 했으며 나와는 대학 선교단체에서 만났다. 선교단체에서도 늘 임원생활을 하면서 모범적이고 뜨거운 신앙생활을 했다. 그런데 공황장애라고? 불안장애라고? 그렇다. 그럴 수 있다. 내가 아는 분들 중에는 신학교 교수님도 공황장애를 겪으신다. 목사님들 중에도 있고, 특히 목사를 섬기는 사모님들 중에는 꽤 많은 걸로 알고 있다. 믿음이라는 것으로 함부로 단정할 수 없는 영역인 것이다.

써니 역시 동료 집사님들이나 덕망 있는 권사님들로부터 이런 이야기를 들으면 몹시 속이 상하고 거기에 죄책감까지 덧씌워 괴롭기까지 하였다. 나조차도 잘 알지 못한 때에는 제발 믿음으로 같이 이겨내자고 하였으니 무식하면 차라리 말을 안 하는 게 상책이다.

써니와 나는 결국 정신과 의사이면서 목사를 겸하고 계신 최의헌 선생님을 방문하기로 했다. 신촌에서 연세

로뎀정신과를 운영하고 있으면서 신학도 공부하신 분이고 징신병리학에 대한 책도 집필하신 분이어서 신뢰감을 갖고 찾아뵌 적이 있다. 그곳에서 두어 달 정도 진료를 받으며 약 처방을 받곤 했다. 역시 비용도 건보료 처리가 되었다. 많이 주고 받은 말은 이런 종류의 말들이었다.

- 선생님! 저는 어려서부터 모태신앙에 선교 훈련도 열심히 받고 했는데 왜 불안이 많을까요?
- 왜 신앙인인데 죽음이 두려울까요?
- 왜 믿음이 있는데 공황장애에 걸리는 걸까요?

이러한 질문에 최의헌 선생님은 매우 건조하고 명료하게 말씀해주셨다.

- 신앙과는 별 관계가 없습니다. 병입니다. 그나마 신앙이 도움이 됩니다만, 그것에 너무 매이지 말고 잘 치료 받으세요.

그랬다. 공황장애는 믿음이 약해서라기보다는 다른 이유가 많았고, 가장 큰 원인은 생물학적인 것이었다.

써니는 여러 연구와 치료, 그리고 스스로의 노력을 거듭한 끝에 공황장애를 다스릴 수 있었고 지긋지긋한 죄책감에서 벗어날 수 있었다.

그렇다고 그분들을 원망할쏘냐. 그분들은 언제든 달려와 아이들을 돌봐주셨고 밥을 사주셨고 반찬을 보내셨다. 만약 원망 대 감사를 저울에 단다면 원망은 가벼워 날아갈 것이며, 감사는 땅에 박힌 씨앗이 되어 무성한 나무로 자랄 것이다. 그 나무 열매 또한 써니의 삶이다.

본격적으로 공황장애를 연구하다

공황장애를 연구하면서 같은 증상을 가진 써니 주변의 여러 사람들을 관찰해보면서 주로 써니와 공통적인 부분을 기록해보았다.

A : 40대 초반 여성, 두 아이의 엄마이면서 교사. 주로 위압적인 관계에서 공황장애가 옴. 가슴이 답답하고 숨이 막히는 증세가 있음.

B : 40대 후반 여성, 기혼이지만 자녀 없음. 중견기업 대표. 본인이 손해를 보면서도 동료나 직원을 챙기지만, 챙겨줄수록 서로 비교하면서 더 많은 요구로 돌아올 때 증세가 나옴. 주로 어지럽고 두근거리고 떨림.

C : 50대 후반 여성. 세 자녀의 엄마이자 교사. 자상하지만 목표의식이 높음. 열심히 살지만 남편이 본인 마음을 헤아려주지 못하는 것에 실망이 큼. 가슴이 답답하고, 소화가 잘 안 됨.

D : 50대 후반 남성 교수. 활달하고 친절하며 학생들에게 인기가 많음. 주로 연구에 몰입시 생활패턴이 깨지면서 몸이 약해져 공황장애가 온다고 함.

E : 40대 후반 남성. 일류대학에서 박사를 끝내고 연구원을 지낸 후 해당 전공으로 공무원이 됨. 관료 조직이라 본인의 정체성과 맞지 않아 스트레스가 높아져 공황장애를 겪음.

이분들에 대한 정보가 많지는 않지만, 써니를 포함하여 나름대로 연구해본 것을 적어보았다.

<연구1> 공황장애는 생물학적인 요인이 많아

사실 이 부분은 기존에 나와 있는 훌륭한 정신과 선생님들의 저서를 보면 된다. 그래서 내가 쓰는 이 내용도 100퍼센트 정확하다고 단정할 수 없다. 난 그저 일반인 관찰자로서의 역할을 자처했으므로 더 자세한 내용은 기존의 연구나 서적을 보고 얻어가길 바란다.

공황장애의 원인을 검색해보면 이런 저런 원인을 많이 언급한다. 어떤 사람은 호르몬 분비의 불균형 때문이라고 한다. 예를 들어 세르토닌이라는 불안을 다스리는 호르몬이 평균보다 덜 나와서 그렇다고 한다. 사람들마다 같은 경험을 겪더라도 어떤 사람은 긍정적으로 반응하고, 또 어떤 사람들은 부정적이거나 매우 불안하게 여기는 경우가 있는데, 이는 세르토닌이라는 호르몬이 얼마나 분비되느냐에 따라 다르다는 것이다.

세르토닌은 평정심을 갖게 하는 물질인데, 이것이 덜 나오는 사람에게서 불안 지수가 높다는 것을 알게 된다. 세르토닌 말고도 도파민이나 아드레날린 같은 많은 호르몬이 있는데, 얼마나 언제 어떻게 분비되느냐에 따라 신체적으로 또는 심리적으로 서로 영향을 주고 받는다고 볼 수 있다.

또 어떤 사람은 자율신경실조증이란 전문용어를 쓰기도 한다. 증상은 공황장애와 똑같지만, 그렇다고 모든 공황장애가 이 병은 아닌 듯 하다. 한마디로 이 둘은

같기도 하고 다르기도 하다.

자율신경계는 '교감신경'과 '부교감신경'이 있는데 이 둘이 서로 조화를 이루어야 몸이 정상으로 유지되는데, 어떤 이유인지 몰라도 하나의 수치가 과도하게 높아지면 문제가 생긴다. 이 둘은 서로 하나가 지나치게 높거나 낮아지지 않게 서로 균형을 잡아주는 역할을 하기 때문이다.

어떤 사람들은 햇빛을 덜 쐬어 비타민D가 부족하면 우울감이 커지고 이것이 경우에 따라 공황장애로 이어진다고도 한다. 지엽적이긴 하지만 가볍게 넘길 사안은 아니다. 써니 역시 햇빛을 보면서 산책을 하면 많은 부분이 좋아지곤 했다.

이렇듯 공황장애는 심리적인 요인도 있지만, 대부분 생물학적 원인에서 기초한다. 그래서 정신과에 가야 하는 것이다. 이것은 부끄럽거나 심각한 것이 아니다. 그저 내과에 가듯이 정신과를 이용하면서 자연스럽게 다스릴 수 있는 것이다. 다스림이 늦으면 심각한 우울증을 동반할 수 있고 삶의 질도 급격하게 떨어진다.

때로 어떤 분들은 약 복용을 매우 위험하게 생각해서 상담은 받더라도 처방받은 약들은 심할 때를 제외하곤 복용하지 않거나 버리는 분도 있다. 중독이 될 거라고 믿는 사람도 있다. 내성이 생겨서 더 강한 약을 써야만 할 때가 올 거라고 미리 겁을 먹는 사람들도 있다.

그러나 지금의 약들은 엄청나게 발전했으며 부작용도 최소화되었고, 대부분 몸에서 완전하게 배출된다고 들었다. 무엇보다도 삶의 질이 달라졌다. 어떤 연구에 의하면, 우울증이나 공황장애, ADHD 등을 겪는 많은 사람들을 대상으로 연구를 했는데, 약을 복용하면서 시간을 보낸 사람들과, 그렇지 않고 버티면서 스스로 극복하려고 한 사람들 두 집단을 비교해보았더니 약을 적절히 복용한 사람들의 생활의 질이 훨씬 높았다고 한다. 되려 약 복용을 안 하면서 받는 스트레스가 수명을 감축할 수도 있는 것을 감안하면 뭘 선택하는 것이 지혜로운 것인지는 바로 알 수 있다.

나 역시 평생 불면증을 달고 살아서 수면부족의 괴로움을 아는데, 의사선생님 한 분이 수면보조제를 10알 정도 처방해주어서 가끔 복용하고 있다. 1년에 많이 사용해야 10알 정도이지만 얼마나 삶의 질이 나아졌는지 모르겠다. 물론 나도 가급적 복용을 피하려고 하지만, 어떤 때는 정말이지 너무 괴롭고 힘들다. 수면부족은 그날만 힘든 것도 아니다. 1주일 내내 괴롭고 피곤하다. 몸도 안 좋다. 소화도 잘 안 된다. 그런데 이런 때 가끔 복용하면 얼마나 개운하고 좋은지 모른다.

내 주변에도 수면부족이나 심한 불면으로 고통을 받는 사람이 종종 있다. 어떤 경우엔 그게 너무 심해서 며칠간 구토와 어지럼증을 달고 살기도 한다. 그래서 내가 이런 약을 권하면 무슨 마약을 대하듯 기겁을 하곤 한다. 약을 주는 것도 아니고 의사를 찾아가 처방을 받아보라고 말한 것뿐인데 말이다. 내가 보기엔 잠을 못 자서 죽을 것 같은데말이다. 물론 그 전에 불면을 해소하기 위한 스트레칭, 산책, 숙면에 좋은 잠자리 환경을 만드는 것도 중요한데, 노력을 해서도 힘든 때에는 이런 도움을 받는 것도 필요하다고 본다.

<연구2> 몸이 약해져서 공황장애가 오는 것 같아

보통 사람들은 공황장애가 와서 몸이 약해진 것이라고 하는데, 내가 보기엔 몸이 약해져서 공황장애가 온다고 생각한다.

써니는 평생 운동이란 걸 모르고 살았다. 학교 다닐 때에도 운동보다는 책을 보거나 친구들과 수다를 떨면서 보냈다고 한다. 앞에 나열한 A, B, C, D, E 분들도 들어보면 운동을 별로 좋아하지 않았으며, 특별히 마음을 먹기 전까진 운동하지 않는 인생을 살아왔다.

그리고 앞에서도 언급했지만, 마음이 약해서 공황장애가 오기 보다는 몸이 약해서 공황장애가 오는 경우가 더 많다. A, B, C, D, E 분들과 써니를 보면 대부분 정서적으로 매우 건전하고, 남을 잘 배려하며, 긍정적이며, 신사적이면서 주변 사람들과 친밀하고 유대감이 좋다.

그런데 공황장애를 경험한 나이는 주로 30대 후반 이후부터가 많다. 왜 그럴까. 운동은 어차피 평생 하지를 않았는데 말이다. 신체의 특성을 알면 알아챌 수 있다. 피지컬 능력이 가장 좋을 때는 10대 후반에서 20대 중반까지이다. 그러다 점점 그 능력이 떨어지는 변곡선을 맞는다. 그래도 30대 후반까지는 신체적 능력을 유지하는데, 결국 밑천이 떨어지고야 만다. 공황장애는 이 밑천이 떨어질 무렵부터 오는 경향이 많다.

써니는 어렸을 때부터 몸이 약한 편이었다. 감기에 잘 걸렸고, 콧물이 난다 싶으면 축농증에 걸렸다. 직장생활을 하면서부터 1년에 한 달 정도는 호되게 아팠다. 앓아눕는 건 예사였다. 간간이 영양제와 포도당을 맞으며 버티기도 했다. 언니가 간호사였기에 몸이 아프면 달려가 도움을 받았다.

지금은? 내가 써니에게 늘 하는 말이 있다. 당신은 지금이 제일 건강해 보인다고. 나이는 지금이 가장 많은 40대 후반이지만, 20대 30대 시절보다도 지금이 제일 튼튼하고 활기가 있다. 공황장애를 극복하려고 시도했던 모든 것이 몸을 튼튼하고 탄력 있게 만들었기 때문이다.

한편 가끔은 운동선수들도 공황장애로 고생하는 경우가 종종 있다. 운동도 엄청 많이 하고 햇볕도 많이 보고 피지컬도 좋은데 말이다. 그런데 운동선수에게는 그 종목 최고 성과에 대한 스트레스가 유별나다. 그래서 운동선수에게는 그 스트레스 현장에서 전환하는 시간과 여유가 필요하다. 전혀 다른 유형의 종목을 즐긴다든지, 또는 되려 정적인 활동들인 묵상과 음악 감상, 독서 그리고 복식호흡 등을 통해서 공황장애를 다스리려는 태도가 중요하다고 본다.

<연구3> 그래, 문제는 스트레스야

공황장애의 원인이 전부 생물학적인 것만은 아니다. 몸이 약해서만으로도 오는 것은 아니다. 가장 중요한 원인은 바로 앞에서도 언급한 스트레스이다. 스트레스는 현재에서 오는 것도 있고, 태생적인 원인도 있다. 그것들이 쌓여 어떤 상황에서는 다른 사람들보다 유난히 많은 스트레스를 받기도 한다. 그래서 공황장애를 가진 사람들은 '나는 언제 어디에서 어떤 상황에서 스트레스를 받나'하는 연구가 반드시 필요하다.

써니에게는 유난히 죽음에 대한 공포가 많다. 그것은 건강염려증으로 많이 드러난다. 아이가 어디 아프기라도 하면 자신이 마치 죽을 것처럼 영향을 받는다. 그게 어디에서 왔을까.

써니에게 주로 공황장애가 엄습해 올 때는 아이들이 몹시나 아프고 난 다음이었다. 아이들을 돌보느라 기력을 소진하는 것도 있지만, 혹시나 아이들이 아파서 어떻게 될까 봐 염려가 지나쳐 정신적으로도 탈진상태가 온다. 그러고 나서 아이들이 회복되면 본인은 몸이 축 늘어진 채로 어김없이 공황에 빠지게 된다.

써니는 충청도 작은 읍내에서 5남매 중에서 둘째로 자랐는데, 부모님 두 분 다 집안을 건사하기에 너무나도 바빠서 주로 할머니 손에서 자랐다고 한다. 그러다 초등학교 2학년 때부터 할머니는 죽음의 고비를 여러 차례 넘기셨다. 그런 때마다 집안은 초비상이었다. 고비가 오면 온 일가친척들이 시골집으로 와서 임종을 맞을 준비를 했는데, 그 현장 안에서 십 수명이 함께 할머니가 계신 그 집에서 잔다는 것이 너무나도 큰 트라우마로 자리 잡았던 것 같다. 그 현장에서 써니는 새벽만 되면 벌떡벌떡 일어나 혹시 할머니가 돌아가셨나 하면서 잠자리에 들었다 깼다를 반복했다고 한다.

어느 날에는 드디어 임종하시나보다 하면서 온 동네 사람들이 다 집으로 오고, 장례를 치를 준비로 커다란 검은 솥을 내리고 돼지를 잡아 오곤 했다고 한다. 그런데 이런 거사를 서너 번이나 치른 후 나중엔 대학 때나 되어서 진짜 임종을 봤다고 한다. 그렇게 반복된 일을 써니는 "솥을 몇 번이나 내렸다 올렸다 했어."라고 말하곤 한다.

어린 나이에 모든 방문을 열어놓은 채 방과 거실에 십수 명이 잠들어 있고, 안방 문 너머엔 늘 돌봐주시던 할머니가 임종을 기다리며 누워 있다. 한 소녀는 그 할머니가 언제 돌아가실지 모를 두려움에 쌓여 있다. 그래서 작은 부스럭거림에도 몸에 전율이 흐른다. 그러한 전율이 쌓여 죽음에 대한 공포가 왔고 그것이 건강염려증으로 자리잡았다.

이 모든 것은 써니가 밟은 미술치료와 함께 드러났다. 미술치료에 대한 이야기는 다음에 또 하기로 하고, 중요한 것은 써니가 과거를 알아가면서 공황을 이길 자신감을 얻기 시작했다는 것이다. 자신의 어린 시절 스토리를 담은 '내면아이'를 마주하면서 그 아이와 함께 공황을 극복해 나간 것이다.

공황은 맞서지 말고 피하는 거예요

흔히들 어떤 질병에 걸렸다 나으면 다 이제 나았다고, 극복했다고 말한다. 그런데 공황장애는 극복하는 것이 아니다. 정확히 말하면 다스린다고 해야 한다. 그리고 그 다스림 중 하나는 회피이다. 공황장애가 올 수 있는 환경에서 벗어나거나 아예 그 상황을 만들지 않는 것이다.

써니가 가장 많이 받는 스트레스는 바로 질병에 대한 공포이다. 본인도 건강해야 하고, 남편이나 자식들도 건강해야 되는 조건인데, 자기 의지가 아닌 것은 어쩔 수 없으니 본인 건강을 위해 정진하는 것이 바로 일차적 목표이다. 자세한 것은 뒤에 설명하기로 하자.

그 다음으로 무서운 것이 바로 폐소공포증이다. 심할 때는 엘리베이터도 못 탈 정도이다. 그래서 자꾸 집도 외곽지역으로 이사를 하곤 했다. 밀집한 도시보다는 조금이라도 녹지가 있는 도외 지역이 좋다고 보는 것이다. 집도 가급적 3층 내로 얻는다. 엘리베이터를 굳이 탈 필요도 없으며, 혹 집에 무슨 일이라도 있으면 뛰어내릴 높이인 것이 중요하다. 지금도 2층에 산다.

교회에 가더라도 긴 의자의 가운데보다는 통로 쪽에 앉는다. 언제든 나갈 수 있게 말이다. 필요하면 양해를 구한다. 그리고 간혹 예배 중이라도 밖으로 나간다. 처음부터 나갈 수 있다고 마음을 먹으면 훨씬 낫다.

비행기는 상당 기간 탈 수 없었지만, 많은 노력 끝에 세 시간 내외 정도면 가능하게 되었다. 지금은 다섯 시간대에도 가능한 편이다. 물론 더 큰 용기가 필요하지만. 처음엔 제주도를 가더라도 비상약을 지참하고 탔는데, 요즘엔 의사가 용기를 주어 그것도 없이 탈 수 있게 되었다.

조금 다른 것 같지만 같은 맥락에서 볼 때 권위로 억압하는 경우에도 폐소공포증 같은 경험을 하는 것 같다. 부모님이나 어떤 권위에 있는 가까운 분이 자신의 경험이 전부인 양 지위나 나이로 억누르는 경우 폐소공포증과 같은 경험을 하곤 한다. 그 내용이 합리적이고 타당하더라도 인격의 교감이 배제되면 공포로 다가온다. 그래서 혹시 가족 친지나 가까운 지인들 중 중대한 모임이 예정되어 있거나 심각한 회의가 있는 경우, 마침 써니의 몸도 안 좋으면 그 자리를 회피하거나 미루는 때도 종종 있었다. 이런 때 필요한 지혜는 각자 미리 준비해 두면 좋다.

발작이여 이젠 안녕!

공황발작과 이별하게 된 계기가 있었다. 물론 완전한 이별이라고 보긴 어렵겠다. 그렇지만, 마지막 발작을 경험한 이후로는 10년 이상 조용히 지내고 있다.

대학원을 늦게 진학하여 수원으로 매주 이틀 정도 수업을 받으러 다녔다. 학교가 있는 수원에서 집까지의 거리는 대략 100킬로미터 남짓이다. 수업이 재밌고 유익해서 늘 일찍 준비하고 기대하곤 했다.

여의도 근처인 회사에서 수원으로 수업을 받으러 가던 중 써니로부터 전화가 왔다.

- 여보! 혹시 지금 수업 들으러 가?
- 응. 왜?
- 혹시 지금 올 수 있어?
- 당신 혹시 그분이 왔어?
- 응, 병원에 가야할까 봐. 갑자기 무섭고 숨이 막혀.
- 알았어. 바로 갈게. 조금만 기다려.

나는 수원에 거의 다 왔지만, 학교에 얘기를 하고 차를 돌려 집으로 가기 시작했다. 한 30분 정도 지났을까 다시 전화가 왔다.

- 여보! 당신 안 와도 될 것 같아. 지금 약 먹고 잠시 쉬었더니 훨씬 나아졌어. 그냥 수업 가서 받아.
- 응. 다행이네.

나는 학교와 집 사이 딱 중간 부분에서 잠시 고민했다. 그리고 나선 한번 모험을 해 볼까 하는 생각을 했다.

'그래, 한번 집으로 가 보자.'

아무 말도 하지 않고 집으로 향했다. 아내는 흠칫 놀라면서도 많이 반가워했다. 표정도 훨씬 밝아졌다. 나중에 들어보니 언제든 달려오는 남편을 보고는 불안의 뭉텅이가 팍! 하고 깨졌다고나 할까 하는 그런 기분이었다고 한다.

나는 잠시 10분 정도 다독여준 다음, 아무렇지도 않은 써니를 보고 다시 늦은 수업을 들으러 수원으로 향했다.

다시 밤 늦게 집으로 와서 써니를 볼 때도 그대로 밝은 모습을 유지하고 있었다.

- 당신은 언제나 부르면 달려오는구나. 하하하!

아직까진 그 이후로 발작을 본 적은 없다. 어떤 면에서 공황장애를 치유하는 최고의 방법은 본인이 아닌 주변 사람들일 수도 있겠다. 특히 부부나 가족은 최고의 의사이고, 최고의 치료제는 신뢰이지 않을까. 언제나 어디서나 어떤 상황에서도 지켜줄 것이라는 믿음!

"당신이 부르면 달려갈거야 무조건 무조건이야~~♪♬."

써니의 분투기 1 – 몸 만들기

산책, 요가, 헬스 그리고 다리 찢기

써니가 공황장애를 극복하기 위해서 가장 먼저 한 것은 산책이었다. 일단은 가장 쉽다. 운동화를 신고 그냥 밖으로 나가면 끝이다. 햇빛을 같이 보면 더욱 좋다. 그래서 아침 일찍 나가는 경우가 많았다. 일찍 일어나 동네 한 바퀴를 돌고 온 후 아침 식사를 차려준다.

어떤 연구에 의하면 산책은 몸의 밸런스를 유지해서 건강을 지키는 가장 쉬운 요소인데, 하루 8000보 정도의 산책이 가장 효율적이라고 한다. 그 이하의 산책은 효과가 적고, 그 이상의 산책은 약간의 향상에 그쳤다고 한다. 내가 시간을 제어 보니, 8000보 정도 산책을 하는 데는 약 50분 내외가 걸리는 것을 알 수 있었다. 그래서 우리 부부는 거의 매일 저녁 9시나 10시쯤 함께 공원을 거닐면서 한 시간 정도 산책을 하는 습관을 들였다. 일상의 대화와 곁들인 산책이라 정서에도 도움이 된다.

요가는 공황장애를 겪는 모든 사람들에게 가장 적극적으로 권하는 행위이다. 요가에는 호흡이 담겨 있으며, 근육을 이완해주는 스트레칭 효과가 있다. 음악을 틀어놓으면 묵상과 함께 마음에 평정을 주기도 한다. 가장 쉬운 방법은 유튜브에서 자신의 수준에 맞는 강사를 찾아서 따라 하면 된다. 물론 가장 좋은 방법은 휘트니스센터나 요가원을 찾아 직접 코치를 받는 것이다.

써니도 센터에 등록하여 매일 같은 시간에 가서 요가를 배우곤 했다. 그러다 몸에 익으면서 집에서 자신만의 수준으로 매일 반복하곤 했다. 처음엔 10분이었지만 지금은 40분 정도 하는 것 같다.

휘트니스센터는 써니가 지금의 근육질 몸매를 만든 최적의 장소였다. 모든 사람이 작심삼일로 헬스를 하기에 난 일단 한 달만 등록하고 그 후 장기간 해보라 권했다. 한 달을 꾸준히 다니면서 정말 어떤 때는 집을 나서기가 너무 귀찮다고 했지만, 일단 나서면 뽕을 뽑으리란 마음으로 열심히 하더니 1년 짜리 회원이 되어 주야장천으로 센터에 나갔다. 거기서 PT도 10회 정도 받아 운동하는 방법을 배웠는데, 1년 365일 회원권으로 적어도 380번은 다녔는가 보다. 하루에 두 번 다닌 적도 있었기에. 그래서 그곳 모든 강사들이 써니의 노력을 알아주곤 했다.

그러더니 어느 날엔 <180도 다리 찢기>란 책을 가져왔다. 보란 듯이 나한테 다리를 180도 찢어 보이겠다는 것이다.

- 여보! 내가 다리 찢으면 뭐 사줄 거야?
- 진짜 그 나이에 다리를 180도 찢는다고?
- 그건 힘들겠지? 그냥 적당히 해 봐야지.

그렇게 시작했는데 세 달이 되어갈 즈음 요가 도중 다리를 좌우로 180도로 찢으면서 동시에 90도로 머리를 바닥에 대는 데 성공했다. 40대 중반의 아주머니가 달성한 성과로는 믿을 수 없는 성과였다.

써니의 분투기 2 - 나를 알아가기

미술치료와 독서, 묵상과 기록

다른 한 편으로 써니는 나와 함께 자신의 어린 시절을 돌아보기로 했다. 심리치료에서 자주 쓰는 단어인 '내면 아이'를 찾는 여정을 하자는 것이었다. 정신분석학적으로 볼 때 어린 시절 만들어진 자아는 성인기 전반에 영향을 미친다고 한다. 써니의 경우에도 어린 시절 받았던 할머니의 병환과 죽음이 공황장애에 직간접적으로 많은 영향을 주고 받았다고 할 수 있다.

어린 시절에 받았던 상처가 크면 클수록 성인기에서 언젠가는 그 상처가 드러난다고 본다. 예를 들면 부모나 친구에게 버림받았던 기억, 수치를 받았던 기억, 거절에 대한 상처, 친구에게 따돌림받았던 기억, 불의한 사고 등이 그런 것이다.

그런데 이런 상처들은 성인이 되면서 잘 드러나지 않다가 결정적일 때 드러나는 경우가 많다. 써니 같은 경우엔 아이를 낳고 키우면서 드러나기 시작했다. 좀 더 구체적으로 나열해볼까 한다.

우리 부부는 결혼하고 나서 아이를 낳는 데까지 4년 정도 걸렸는데, 거의 싸운 적이 없다. 우리에게도 많은 결핍이 있었지만, 우리 스스로 다 이겨낼 만한 것들이었다. 그런데 육아는 다른 것이었다. 일단 피곤했기 때문에 체력이 많이 소진되었다. 앞에서도 언급했지만,

육체의 곤고함은 정신을 지배한다. 몸이 피곤하면 정신적으로 나약해진다.

그에 더해 이 육체의 피곤함과 더불어 육아 철학으로 인한 갈등이 시작된다. 사실 이전에는 서로 참고 인내하면서 살면 그만이었다. 그러나 아이를 키우면서 서로 잠재되어있던 '내면 아이'가 드러난다. 내가 받았던 상처를 아이가 받으면 수용이 안 되는 현상인데, 부부가 서로 내면 아이에 대한 정체성이 다르다 보니 갈등이 생기기 시작하는 것이다.

게다가 아이는 나 또는 아내의 '갱생' 전의 산물이다. 우린 여러 학습과 훈련을 통해 내면 아이를 잠재우거나 인격의 성장을 통해 갱생되었지만, 아이는 이제 시작이다. 내 어린 시절의 다듬어지지 않은 거칠고 모난 자아를 눈으로 마주하게 되는 것이다.

여하튼 이러한 정체성을 잘 알아가는 노력이 필요했다. 그래서 책을 읽기 시작했고, 미술치료를 하면서 놀

라운 반전을 경험할 수 있었다. 책이야말로 가장 좋은 도구이다. 이전에 우리 부모님 세대와는 다르게 책이 주는 정보가 어마어마하다. 물론 유튜브와 같은 디지털 매체도 도움이 된다. 책은 부부가 서로 공유하기에 안성맞춤이다. 책 하나를 사서 식탁에 올려 놓고 돌아가면서 보기를 추천한다. 부부에 대한 책, 육아, 내면알기 등에 대한 책들을 서로 보면서 정체성과 철학 등을 일치하는 작업이야말로 부부가 해야 할 최고의 덕목이라고 할 수 있다. 물론 시간이 많지 않아서 제대로 정독한 것은 별도 없었지만, 잠깐씩 읽고 시간이 날 때마다 그것으로 서로 대화를 하다 보면 함께 먼 길을 갈 수 있겠단 자신감이 생긴다. 인생은 아직도 멀기 때문이다.

미술치료는 교회 집사님의 소개로 좋은 분을 만나면서 시작되었다. 두 아이를 오랫동안 키워서 이젠 독립을 시키신 분으로 엄마의 마음을 잘 헤아려주시는 분이셨다. 이왕 시작하는 김에 아내와 첫째 아이가 함께 시작하였다. 아이는 미술 시간이라 생각해서 놀면서 진행하였고, 반면 아내는 매시간 눈물을 쏟아내면서 자신의 내면 아이를 달래주는 시간을 함께 가졌다. 그렇게 12번의 과정을 끝냈다. 나도 가끔 함께 하는 시간을 갖기도 했다. 가족이 함께 미술치료에 동참하는 시간을 갖는 것도 매우 중요하다. 가족의 일체성과 함께 가족 간의 문제도 스스로 치유되는 경험을 가질 수 있다.

미술치료와 독서를 하면서 느끼는 감정을 글도 써보는 것은 일종의 복습과 같다. 여러 강사들이 하는 말이 있다. 예습과 복습이 중요하지만 가장 중요한 학습법은 바로 복습이라고. 자신의 감정을 글로 써보는 효과는 많은 책에서 언급할 정도로 효과가 좋다. 대부분의 공황장애 치유서를 보면 묵상과 함께 노트에 적어보는 것을 권하고 있다.

써니는 거의 매일 성경 말씀을 묵상하면서 노트에 자신의 마음을 기록하곤 하는데, 그 기록들 속에 자신의 마음 상태를 늘 함께 적곤 한다. 글을 쓴다는 것은 일단 마음 속에서 정제를 시작하는 작업을 거친다. 그리고 객관화 과정도 거친다. 요동치던 마음이 글을 써보면서 정제되고, 객관화되어 다소 차분해지는 효과가 있는 것이다.

때로는 자신의 감정을 글로 쓰기에 너무 복잡할 때도 있다. 이런 때에는 '감정 카드'를 구매해서 활용하면 좋다. 감정 카드는 서점이나 온라인쇼핑몰에서 구매할 수 있는데, 여러 감정을 소개하는 단어장이라 할 수 있다. 우리 아이들에게도 일기를 쓸 때 감정 카드를 활용해서 보다 많은 단어를 적어보라곤 한다. 일기장에 매일 '좋았다'는 말이 반복되는 것이 아니라, '보람찼다', '흐뭇했다', '유익했다' 등 여러 다양한 단어들을 적어볼 수 있다. 그래서 우리 집 거실 벽에는 여러 종류의 감정 카드가 붙여져 있다.

덧붙여 많은 전문가들이 추천하는 요소가 있는데, 그것은 감사이다. 감사한 일을 적어보라는 것이다. 단 하나라도 좋으니 그것을 생각해서 써보라고 하는데, 여러 전문가들이 추천하는 방법이니 매일매일 꼭 해보길 추천한다.

지금도 써니는 예전만큼은 아니지만 무엇인가 적고 공부하곤 한다. 요즘엔 적는다기보단 끄적거린다. 그런데 이런 습관 하나가 정신의 한 기둥을 받쳐주고 있다.

제 2 장

써니가 제안하는 극복 노하우 10가지

1. 산책하라 햇볕에 충만하며!
2. 운동은 밥 먹듯이 일정하고 성실하게
3. 자신의 스트레스 요인을 알고 있자
4. 전환 포인트를 준비하라
5. 공황장애 환경은 회피하라
6. 정신과를 내과 가듯 편하게 생각하라
7. 가족들의 절대 지지를 얻으라
8. 자신의 과거를 용납하라
9. 답답하고 불안한 감정을 글로 적어보라
10. 즐겁고 행복한 일을 찾으라

용기는 착화제만큼만 필요해

써니 주변에는 늘 사람이 많다. 비슷한 증상으로 찾아오기도 하고, 우울증이나 자녀 문제, 부부 문제 등을 논하기 위해 찾아오는 경우도 많다. 일상생활의 무력감을 가지고 찾아오기도 한다.

써니가 좋아하는 일이 사람을 맞이하면서 음식을 손수 차려주거나 맛있는 맛집을 찾아서 함께 식사하면서 이야기하는 것이기에 그렇게 이런 저런 이야기를 하다 보면 대부분 어느 정도의 정신적 문제는 해소되기도 한다. 그러나 그렇게 돌아가고 나서 얼마 후 또다시 같은 이유로 정신적 고통에 갇히다 보면 다시 전화하고, 찾아오고, 또다시 했던 말을 무수히 반복하면서 열심히 토로하곤 한다. 그런 써니의 주변을 보면 정말이지 이 말을 꼭 해주고 싶은 생각이 든다.

"아무 것도 시도하지 않으면 아무 일도 일어나지 않아요."

본인의 상태를 알면서도 아무 시도조차 하지 않는 사람들. 그 많은 조언을 들어가면서도 왜 하지 않냐고 하면 할 말은 많다. 핑곗거리도 가지가지다.

캠핑을 가면 가장 좋아하는 행위가 바로 불멍이다. 불멍을 하기 위해서는 장작에 불을 피워야 하는데, 맨

장작에 불을 붙이기는 매우 어렵다. 이런 때는 착화제를 사용하면 쉽게 붙일 수 있다. 이처럼 뭔가를 활활 타오르게 만드려면 착화제만큼의 용기가 필요하다. 아주 작은 용기면 그만이다.

단 한 번도 운동이란 걸 해본 적이 없는가. 용기를 내서 검색하고 가까운 휘트니스 센터에 전화를 걸어보라. 아무도 당신을 알아보지 못한다. 그리고 방문해보라. 1대1 강습을 문의해보라. 아무도 초보라고 무시하지 않는다. 생각보다 당신에게 관심이 없으니 낯가림은 하지 않아도 된다. 그 작은 용기만 있다면 서서히 불안이란 그림자를 떼어놓을 수 있을 것이다.

이처럼 작은 용기를 갖고 다음의 열 가지를 실천하기 위해 한발 한발 나아가 보자.

1. 산책하라 햇볕에 충만하며

하루 8000보를 목표로

걷기는 정신건강에서 가장 중요하고도 쉬운 행동이다. 앞에서도 언급했지만, 하루 8000보 정도의 걸음이 가장 효율적이었다고 했다. 스마트워치가 있다면 체크해 보라. 가장 좋은 방법을 제시해본다.

아침 산책 10분, 500보

아침에 일어날 수 있다면 매일 같은 시간을 정해서 잠깐이라도 산책을 하면 하루를 쉽게 출발할 수 있다. 아파트 단지를 천천히 걸으면서 한 바퀴 돌면 된다. 팔과 어깨를 스트레칭하면서 돌면 감각을 깨우기에 최적이다. 생물학적으로 신경계통에 좋은 자극을 주기엔 그저 10분이면 충분하다.

점심 먹고 15분, 700보

점심을 집에서 먹는다면 식후 소화도 시킬 겸 동네 한 바퀴를 돌아보는 것을 추천한다. 내 얘기를 한다면, 난 주로 회사에서 점심을 먹을 때 일부러 몇 블록 떨어진 곳에 가서 점심을 먹는다. 그래봐야 10분 남짓 걷는다. 그리고 올 때 다시 그 정도를 걷게 되니 일석이조이다.

밤에 산책하면서 6000보

너무 늦은 밤이면 신경이 충분히 가라앉지 않아 숙면에 방해가 되기도 하고 무섭기도 하므로 10시 내외에 공원이나 도시 산책길을 따라 충분히 산책을 하면 좋다. 40분 정도 산책하면 6000보 정도를 달성할 수 있다. 부부가 함께 하면 좋은데, 때로는 육아나 집안 일로 함께 하지 못할 때에는 번갈아가면서 집안 일을 하고, 따로 따로 산책하는 것도 좋다고 본다.

생활 속 도보는 최적의 효율

사실 가장 좋은 습관은 평소에도 자주 움직이는 것이다. 5층이내는 걸어다니거나, 어느 건물이든 내려갈 때는 계단으로 내려가는 습관, 한두 정거장 정도는 걸어다니는 습관, 가까운 거리에 장을 보러갈 때에는 일부러라도 걷는 습관 등이 몸의 배터리를 자연스럽게 충전하는 행위라 할 수 있다.

2. 운동은 밥 먹듯이 일정하고 성실하게

10분으로 시작해서 50분을 목표로!

처음엔 가볍게 시작하는 것이 좋다. 자신감이 넘치면 10분쯤이야 우습지 하겠지만, 해본 사람이면 바로 안다. 10분이 참 길다는 것을. 유튜브에서 적당한 강사를 찾아 따라 하는 것이 좋다. 자신에 맞는 강사를 찾는 것도 중요하다. 신뢰감을 갖고 꾸준히 가야 하기 때문에 일종의 궁합처럼 잘 맞는 사람을 찾아서 친숙함을 느끼면서 하면 된다. 10분짜리부터 시작해서 차차 늘려 40분이나 50분짜리로 발전하면 된다.

스트레칭으로 시작해서 점차 하드하게!

반드시 스트레칭부터 해야 한다. 갑작스런 운동은 몸이 경직되어 근육이나 관절이 다칠 수 있으니 충분한 스트레칭은 필수이다. 그런 다음 스쿼트나 푸쉬업 같이 모든 이가 추천하는 맨손 체조 다섯 가지 정도를 돌아가면서 하는 게 좋다. 갯수도 처음엔 10개부터 나중엔 100개 이상으로 조금씩 늘려가는 것을 추천한다.

비용이 좀 들겠지만, 한 번 정도는 전문 강사에게 지도를 받는 것도 좋다. 써니의 경우에도 어느 정도 자신감이 붙을 때 더 재밌고 풍성한 방법으로 운동하고 싶다는 욕구와 더불어 자신의 몸에서 어떤 근육을 발전시키는 것이 좋을지 모를 때 전문 PT강사를 찾아 10회 정도 지도를 받으면서 훨씬 효율적이면서도 재미있게 운동을 하게 되었다.

자기 한두 시간 전에는 마무리

현대인에게 있어서나 두뇌에 있어서 숙면은 최고의 이슈이다. 숙면을 위해서는 몸의 여러 신경들을 차분하게 만들어 주어야 한다. 그래서 숙면 한두 시간 전에는 숨이 차는 운동은 멈추어야 하고, 하루의 움직임도 10분 명상과 요가 프로그램을 이용해서 마무리하면 좋다. 써니의 경우 저녁 식사 후에 하드한 운동을 하고, 잠깐 집안일을 하다가 차분한 요가로 마무리한 다음 샤워를 하는데, 그러면서 너무 졸립다고 하는 것을 보면 이런 패턴이 써니에게 맞는 것 같다.

50일간 꾸준히 하면 1단계는 성공이야

한 연구에 의하면 어떤 행동에 습관을 들이려면 평균 52일이 걸렸다고 한다. 사람마다 조금씩 다르지만, 똑같은 행동을 거의 같은 패턴으로 자연스럽게 몸에 스며들게 하려면 최소한 50번의 지속적인 시도가 필요하다는 것이다.

예를 들어 매일 밤바다 '내일 아침에 일어나자마자 따뜻한 물 반 컵을 먹어야지' 라고 마음을 먹는다면, 그것을 매일 꾸준히 해서 언제 어느 때든 같은 습관이 생기려면 매일 아침 50번의 노력을 하면 된다. 다만, 한 번이라도 그것을 잊어버린다면 다시 다음날부터 50번을 노력해야 한다. 그렇게 해서 연속 50번 이상이 되면 몸으로 자연스럽게 기억을 한다는 것이다.

매일 꾸준히 스케줄에 표기하고 실천해보라. 사실 운동이 고정되려면 그것보다는 훨씬 긴 시간이 필요하다고는 한다. 하지만 일단 50일을 목표로 꾸준히 체크하면서 해보자. 1차 목표로 연속 50번을 달성하고 충분한 보상과 칭찬을 스스로에게 해주자. 할 수 있다!!!

3. 자신의 스트레스 요인을 알고 있자

나는 누구일까. 그것을 알아가는 과정을 인생에 있어서 한 번쯤은 경험해보길 바란다. 가장 보편적인 MBTI나 애니어그램 등 여러 성격 및 기질 검사도 이용해보면서 나를 알아가는 것은 매우 중요하다. 또한 더 나아가 전문가로부터 심리상태를 받아보고 자신의 스트레스 요인을 인지하여 다스리는 것이 중요하다.

특히 공황장애를 가지고 있다면 정신과를 메인으로 두고 심리상담을 함께 이용하면 좋다. 정신의학의 학문적 깊이와 연구의 폭에서 의사의 진단이 가장 중요하기 때문이다. 정신과에서 정확한 진단 및 약 처방을 받을 수 있고, 상담심리사나 미술치료사(때로는 음악치료나 문학치료)로부터는 정서적인 마음의 안정을 얻을 수 있다.

풀배터리 검사를 받아봐

흔히들 풀배터리 검사라고 하는데, 종합심리검사를 말한다. 보통 정신과에서 받아볼 수 있고, 심리상담센터에서도 받을 수 있는데, 1급 정신건강임상심리사와 진행하는지 확인해보는 것이 좋다. 물론 이 검사가 나를 정확히 비춰주는 것은 아니다. 두뇌는 훨씬 복잡하기 때문이다. 그래서 가급적 많은 임상 경험이 있는 정신과 선생님을 찾는 것이 좋다. 결과지가 나오더라도 엉뚱한 진단이나 평가를 하는 경우도 가끔 봤기 때문이다.

내 몸은 어디가 약한가

특히나 건강에 대한 염려가 많은 사람은 평소 건강검진을 통해서 자신의 몸 상태를 인지하고 있어야 한다. 그래야 소모적인 걱정을 덜 할 수 있다. 써니의 경우에도 역류성 식도염이 있기 때문에 명치 부분이 답답하면 일단 식도염을 의심하고, 진단을 받아본다. 자신의 상태를 모르면 모를수록 정확한 진단 없이 수 없는 걱정으로 밤을 보낼 수 있는 것이다.

난 어떻게 자랐나

프로이드나 대부분의 두뇌 전문가들은 유년시절의 기억이 평생의 행동에 영향을 미친다고 보고하였다. 그만큼 유년시절 어떻게 보냈는지가 중요하다. 오랫동안 감추어두거나 모르고 쌓아둔 내면 아이를 지나치다가 어느 날 어느 시점에 툭 하고 튀어나오는 경우가 있다. 의식 속일 때도 있지만 무의식 속에서 튀어나올 때도 있다. 그래서 그 내면 아이를 건강하게 직면하고 소통하는 과정이 필요하다. 써니의 경우에도 미술치료를 통해 내면 아이와 손잡고 건강하게 일어설 수 있었다.

그래서? : 나는 무엇이 두려운가

위에서 언급한 여러 가지를 시도했을 때 써니는 갇혔다고 생각할 때, 누군가 자신을 억누를 때, 몸의 어딘가가 아프거나 가족이 아플 때 가장 많은 스트레스를 받았다. 그 스트레스가 지나치면 공황장애로 발전하였다. 그러나 적을 알고 나를 알면 백전백승이란 말이 있듯이 알고 나서 대처하면 이겨낼 수 있다.

4. 전환 포인트를 준비하라

전환은 스트레스를 잠시 또는 상당 시간 잠재울 수 있는 가장좋은 방법인데, 생각의 전환은 그야말로 가장 어려운 경지이다. 이런 때는 장소나 사람을 전환 포인트로 사용하면 좋다.

써니는 불시에 또는 어떤 스트레스 상황에서 공황장애가 오는데, 그런 때마다 그것을 가장 잘 받아들일 사람을 만나 소통하거나 때로는 혼자서 전환의 기점이 되는 장소를 찾아 떠나기도 한다. 자신만의 전환 포인트를 준비해두었다가 거기로 향하는 것이다.

Y야 뭐하~니!

Y는 써니와 같은 공황장애를 지니고 있으면서도 후배이자, 친구이고, 같은 병원을 다니고, 두 아들을 똑같이 키우는 절친이라 할 수 있다. 남편인 나로서는 아무리 이해하려고 해도 공황장애 환자가 아니기에 넘어설 수 없는 벽이 있기 마련이다. 그런 때엔 Y와 함께 울고 웃다가 오면 훨씬 좋아진다.

거리별로 전환 포인트를 준비하자.

장소를 옮기는 것만으로도 전환의 효과는 크다. 거리별로 전환 포인트를 준비해두면 좋다.

써니의 최애 장소는 강릉 해변이다. 짙고 푸르면서도 끝없는 바다를 솔밭 아래에서 감상하다 보면 모든 불안과 스트레스는 온데간데없이 사라진다. 다만 3시간 정도 달려야 하는 어려움이 있다. 그래서 거리별로 적당한 전환 포인트를 미리 준비하면 좋다.

써니에게 있어서 가장 최소의 전환포인트는 골방이겠지만, 폐소공포증이 있기 때문에 아파트의 광장이나, 도보 5분 거리의 공원이 1차적인 전환 포인트가 된다. 그러나 전환의 효과를 크게 보려면 잠시 30분 정도 걷는 것도 좋은데, 그런 면에서 써니에게는 근처 공원의 넓은 잔디밭이나 호수공원을 선호한다.

써니의 그 다음 장소는 임진각의 평화누리공원이다. 차로 15분 정도 거리인데, 드라이브를 하면서 전환이 시작되고, 드넓은 평화누리공원에 도착해서 잠시만 앉아있어도 웬만한 스트레스는 해소가 된다. 낮이라면 캠핑 의자 하나 가지고 가서 충분한 햇빛과 물을 흡수하고 좋은 묵상집을 하나 가져가서 시간을 보내다 오면 몸과 마음이 훨씬 가벼워진다고 말한다.

저녁시간이라면 잠시 고민에 빠질 수도 있다. 그런 때 써니는 미리 알아둔 카페로 향한다. 밤 12시까지 운영하는 카페를 점지해두었기 때문이다. 안락하고 편안한 의자 하나 있다면 금상첨화라고 할 수 있겠다.

5. 공황장애 환경은 회피하라

본인이 공황장애를 겪고 있다면 앞에서 말한 것처럼 가급적 그 환경은 회피하는 것이 가장 좋다. 공황장애 환자에게 가장 어려운 것이 바로 그 환경을 극복하라는 것이다. 공황장애 환자에게 환경은 회피하는 것이지, 극복하는 것이 아니다. 물론 극복할 수 있는 몸을 만드는 것은 중요하다. 다만, 극복하는 과정에서 그 수준별로 점차 나아가야지, 단번에 돌파하려고 하면 큰 일이 일어난다.

써니에게 공황의 원인이 폐소공포증과 건강염려증이라면 다음 항목을 주의 깊게 살펴봐야 한다.

써니는 안쪽 의자엔 못 앉아요

이 책의 서두 부분에 언급했지만, 써니의 공황은 어느 지하 예배당 안쪽 의자에서 시작되었다. 지금은 어느 정도 극복해서 그정도는 괜찮지만, 당시엔 숨이 막힐 지경이었다. 그래서 지금도 교회에 가면 의자의 바깥쪽, 창문이 있는 쪽에 앉고, 예배의 중간이라도 몸이 안 좋으면 바로 나간다. 때로는 양해를 구하기도 한다. 정말 어쩔 수 없을 경우엔 “제가 공황장애가 있어 안쪽 의자에 앉지 못합니다. 먼저 들어가세요.” 하고 양해를 구한다.

비행기도 마찬가지이다. 근 10년간은 비행기 자체를 타지 못했다. 그러나 튼튼한 몸과 마음을 만들고 열심히 치료를 받고 나니 자신감이 생겨서 지금은 비행기 통로쪽에 5시간 정도는 거뜬히 탈 수 있게 되었다.

써니는 무서운 곳에 갈 수 없어요

써니에게 있어서 죽음에 대한 공포는 다른 사람들의 몇 배의 수준이기에 사고나 질병의 위험이 많은 곳은 절대적으로 회피하는 경향이 있다. 특히 코로나19가 온 세계를 휩쓸 때에는 정말이지 마음을 졸이면서 하루하루를 보내기도 했다. 철저하게 손을 씻고 소독하고 나야 직정이 풀리는 삶을 살았다.

여행도 마찬가지이다. 여행을 좋아하지만, 위험한 곳이라면 재미를 전혀 못 느끼면서 걱정만 하다 오기도 한다. 그럴 바에는 처음부터 여행의 일정을 써니에게 맞춰서 진행해주면 좋다. 물론 다른 가족들의 배려가 절대적인 것은 당연하다. 그러나 또 한편으로는 그 배려들이 모여서 치료가 되고 극복이 되어 점차 더 넓은 세상으로 다같이 나아갈 수 있는 발판이 되는 것이다.

써니에게 권위가 강한 사람은 천사라도 못 만나요

써니의 환상 중 다른 측면이 사람일 때도 있다. 아무리 훌륭한 분이라도 권위로 누른다는 인상을 받으면 좋은 만남이라도 집에 와서는 힘들어한다. 분명 좋은 설교를 들었다, 좋은 권고를 받았다, 좋은 관계를 유지했다는 상황에서도 그것이 인격적인 소통이 아니었다고 느끼면 폭력을 당한 것처럼 반응한다. 물론 그것의 근원은 원가정일 수도 있고, 어린 시절 강압적인 선생님이었다는 말도 들었다. 나 역시 공황장애를 잘 모를 때엔 무식하게 꾸짖었을 때도 있었다. 아무리 훌륭한 사람이라도 사람마다 받아들이는 정도가 다르다. 훌륭하다는 말 역시 아주 주관적이고 상대적인 단어이다. 안중근 선생이 우리나라에서는 '의사'이지만, 일본에게는 '테러리스트'라 여겨지는 것처럼 말이다.

6. 정신과를 내과 가듯 편하게 생각하라

흔히들 정신과에 간다고 하면 뭔가 큰 문제가 있는 것처럼 치부한다. 반대로 정신과적인 기준으로 보통 사람을 보면 전부 환자처럼 보이기도 한다. 불안장애, 우울증, ADHD, 자폐 등 하나라도 안 걸리는 게 없을 정도이다. 그럼 정신과를 가야 하는 기준은 무엇일까.

내과에서는 문제가 없댔어요

써니에게서 처음 공황장애의 증상으로 나타난 것은 가슴의 답답함이었다. 소화가 잘 안되는 것 같은 것이 대표적인 증상이었다. 명치 끝이 답답하다, 역류성 식도염 같다, 소화 불량이다, 뭐 이런 것들이었다. 그래서 병원에 가서 가벼운 진단도 받고 약도 복용하였지만, 결국은 공황발작으로 응급실에 가서 전반적인 진단을 받은 후에 정신과에 가 보라는 권유를 받고 나서 가까운 로컬 정신과에 가게 된 것이다.

왜 애초부터 정신과에 갈 생각을 못 했을까. 아니 어쩌면 이것은 당연한 수순이었다. 공황장애의 증상이 가슴의 두근거림, 답답함 등의 내과적인 증상에서부터 뒷목의 뻐근함, 등 근육의 경직 같은 정형외과적인 증상까지 다양했고, 자궁의 근종으로 인한 영향인가 싶은 산부인과 증상까지 다양했기에 정신적인 문제를 짐작하기엔 과정이 필요했다. 이러한 과정은 매우 자연스러운 과정이라 받아들이면 된다.

내 정신을 진단받고 싶어요

처음 정신과에 방문해서 이런 저런 증상을 이야기하니 역시랄까 의사는 100퍼센트 공황장애 증상이라고 진단을 내렸다. 그러면서 약 처방과 함께 다면화검사 등 몇 가지 검사를 진행했다. 다행히 약은 잘 들어서 당일부터 수면의 질이 좋아졌다. 역시 가장 중요한 것은 잠을 잘 자는 것이다. 검사 결과 역시 예상대로 나왔다. 내과 - 정형외과 - 산부인과 - 한의원 등을 전전하다 마침내 정답에 이른 것이다.

그래도 내과와 협진하면 좋아요

그래도 필요에 따라 모든 것을 정신과 증상이라도 매도해서는 안 된다. 소화가 안 되면 내과를 가고 근육이 경직되면 한의원이나 정형외과에서 물리치료를 받는 것은 증상의 개선에 많은 도움이 되었다. 오히려 써니에게 있어서 가장 중요한 것은 지금 내 상황이 소화불량인지, 공황장애인지 정확히 진단하는 것이었다. 내과에서는 내과로 진단하고, 정신과에서는 정신과로 진단했지만, 중요한 것은 그것들을 종합해서 스스로 내 상태를 인지해서 판단하는 것이었다. 그에 맞게 적절히 대처하면 된다.

좋은 주치의를 만나는 게 필요해요

공황장애 환자에게는 당분간 정신과가 메인이 되는 것이 맞다고 본다. 메인이라고 해서 자주 가는 것이 아니라, 그것을 마음의 중심에 두고 밖으로 나타나는 증상을 체크해야 한다는 것이다. 그래서 좋은 주치의를 만나는 것이 중요하다.

써니에게 정신과 의사는 다섯 분 정도 만났는데, 그 분들 모두 다 훌륭하신 분들이었지만, 정신과 특성상 절대적으로 믿고 의지할 분이 필요했다. 그래야 지속적으로 그리고 안정적으로 마음을 터놓고 진료를 받을 수 있다. 또한 환자의 가족들과도 치료의 연장선에서 소통할 수 있다.

때로는 남편인 나도 진료를 예약하고 마음을 터놓고 이야기할 때도 있다. 나도 어떤 때는 인간적으로 감당하기 힘든 때가 있기 때문이다. 그런 때 써니의 주치의를 만나 정식적으로 진료 예약을 하고 환자로 만나기도 한다.

"지금 선생님은 잘 하고 계십니다. 다만, 써니가 환자이고 본인은 보호자임을 숙지하고 계시면 됩니다."

'아! 그렇구나. 써니는 환자였지. 나는 보호자로서 잘 돌봐주면 되는 거였어.'

가끔 써니를 이해하기 힘이 들 때 주치의를 만나 토로하다보면 나 자신의 위치를 자연스럽게 받아들이는데, 그게 그렇게 마음이 편안해질 수가 없다.

7. 가족들의 절대 지지를 얻으라

필자가 이 책을 쓰는 이유는 여러 가지가 있겠지만, 공황장애를 겪고 있는 사람보다는 그 주변 사람들을 위해서 쓰는 목적이 더 강하다. 본인도 얼마나 힘들겠는가. 또한 그것을 지켜보는 가족이나 주변인들도 얼마나 이해하기 힘이 들겠는가.

가족이 지지하는 순간 회복되었어요

앞에서 언급한 것처럼 써니의 공황발작은 남편인 나의 행동 하나인 '무조건 달려감'의 행위로 마감할 수 있었다. 물론 영원히 이 증상이 나오지 않으리란 장담은 하지 못한다. 그러나 증상의 전조가 시작될 때 내가 방향을 돌려 집으로 향하지 않았더라면 아마도 그 이후로 몇 번이고 발작이 왔을 수도 있다. 단 한 번의 징표, 즉 언제든 나는 당신을 위해 달려갈 수 있다는 그 징표 하나가 적어도 발작의 증상을 약화시킨 것은 분명하다.

애들아! 엄마는 이런 사람이란다

자신의 상황을 설명하는 것도 필요하다. 써니도 시간이 주어지는 대로 자녀들에게 자신의 상태를 설명하는데 애를 쓴다. 물론 나이가 어린 자녀들이 전부 이해하기는 어렵고 또 한편으로는 과도하게 자녀들에게 부담감이나 두려움을 줄 수도 있다. 특히 나이가 어리거나 불안이 높은 자녀에게 객관적으로 엄마를 받아들일 능력이 있지 않다면 오히려 말을 안 하는 것이 상책이다. 그러나 청소년이 되고, 자아를 어느 정도 분별할 줄 아는 나이가 되면 어느 수준에서는 솔직하게 이야기를 하는 것이 좋다.

"애들아! 엄마는 불안이 높은 사람이야. 어쩔 수 없이 이렇게 태어난 것도 있어. 그렇지만 너희들이 조금만 도와주면 엄마도 너희도 잘 지낼 수 있으니 걱정 안 해도 된단다. 다만, 너희들도 어느 정도는 노력을 해 주어야 해. 엄마도 이겨내도록 열심히 노력하는 중이고."

그러면서 어디를 가든 무엇을 하든 불안을 자초하는 행동은 가급적 하지 않도록 주의를 주기도 한다.

8. 자신을 용납하라

살아온 날이 많을수록 보람도 있겠지만 후회도 많을 수 있다. 그렇다고 필자가 그만큼 많이 살아서 성숙하다는 말은 절대 아니다.

써니에게 있어 과거를 돌아보는 일만큼 힘든 과정은 없었다. 미술치료나 집단 상담에 버금가는 교회의 목장 모임, 독서 모임, 엄마 모임, 여러 기도 모임 등을 통해 스스로의 삶을 끄집어내는 일은 마치 생채기를 도려내어 곪은 데를 짜내고 봉합하는 과정과 비슷했다.

미술치료로 과거의 나와 화해했어요

교회의 아는 분을 통해 전문 미술치료 선생님을 만났다. 중년의 나이에 자녀 둘을 훌륭하게 키워내신 분으로 써니를 보자 마자 따뜻하게 안아주셨고, 12번을 만나는 동안 서로 울고 웃고 부대끼는 시간을 보냈다.

자신의 과거를 맞닥뜨리면서 후회도 많이 하고 원망도 많이 했다. 특히나 부모님에 대한 원망이 컸다. 그러나 따지고 보면 어느 시대나 가부장적인 권위는 당연한 질서로 자리 잡은 시대였다. 특히 할머니의 모든 병시중을 초등학생이 감내해야 했던 일은 큰 상처로 남아있었고, 결국 그 할머니가 눈앞에서 돌아가셨을 때의 충격은 지금까지 영향을 주고 받고 있었다.

선생님은 인생의 선배로서, 전문 미술치료사로서, 두

아이의 엄마로서 그 모든 것을 품어주셨고 많은 부분에서 과거를 공유하고 용납하도록 도와주셨다.

죄책감에서 벗어나세요

과거를 마주할 때 느끼는 감정 중 가장 불쾌한 것이 바로 죄책감이다. 왜 그때 할 말을 다 하지 못했을까, 왜 그렇게 행동했을까 하는 죄책감이다. 그러나 그것은 어쩌면 불가피한 선택이었을지 모른다. 아니, 선택 자체도 할 수 없었던 상황이었을 수 있다. '엄마! 난 이런 것은 못 해요, 너무 힘들어요, 무서워요, 짜증나요, 견딜 수가 없어요.' 이런 말을 못했던 써니는 그것들이 쌓여서 병으로 진화했을 수도 있겠다는 생각이 들었다.

그럴 때마다 나는 이렇게 말한다.

"써니야, 그것은 너의 잘못이 아니야. 넌 충분히 잘 살았어. 그 누구의 잘못도 아니야. 그리고 지금 잘 이겨내고 있고, 훌륭하게 잘 살고 있어. 충분히 훌륭한 엄마이고, 아내이자, 좋은 어른으로 존중받고 있어."

9. 답답하고 불안한 감정을 글로 적어보라

성경에서 예수는 모든 일에 감사하라고 말한다. 항상 기뻐하라고도 한다. 또한 불교에서 선종의 대가인 치린(Lin Chi)은 "기적은 물 위를 걷는 것이 아니라, 땅 위를 걷는 것이다." 라고 말하기도 했다. 이는 우리가 사는 현실 그 자체를 언제든 받아들이면서 살으라는 말이기도 하다. 늘 밥을 먹으면서, 거리를 걸으면서, 버스를 타면서, 쓰레기 분리 수거를 하면서 감사할 수 있다.

감사의 소재를 나열해보자

감사의 소재가 없다 생각하면 아주 소소한 감사를 적어보아도 된다. 그 다음엔 하루중 겪었던 것들 중에서 감사할 거리를 찾아서 적어본다. 적어도 세 가지는 적으면 좋다. 때로는 가지고 있는 것들을 적는 것도 도움이 된다. 아주 작은 물건이나 인간관계를 적어보아도 좋다.

감사한 사람을 떠올려보고 그 이유를 적어본다

가장 최근의 순서대로 감사한 사람을 떠올려보고 감사한 이유를 적어보면 좋다. 가족, 친구, 선생님, 교우, 직장 동료 등이 좋지만, 현재가 아니고 과거의 사람이어도 좋다. 매일 한두 명씩 찾아낸 후, 마치 감사하는 문자를 보내는 것처럼 '나는 친구 Y에게 감사해. 그 이유는 같은 불안을 겪으면서도 나를 언제나 위로해주잖아.' 이런 식으로 적으면 된다. 과거에 그랬다면 과거의 그에게 보내면 된다.

스스로를 칭찬하는 글을 써보자

공황장애 증상을 가진 사람들에게서 보이는 공통적인 감정은 낮은 자존감인 경우도 있다. 이런 경우엔 매일 스스로를 칭찬하는 글을 하나씩 써보면 좋다.

"써니는 오늘 써니를 칭찬해. 왜냐하면 오늘 써니는 따뜻한 밥을 지어서 아이들에게 김치볶음밥을 맛있게 해 주었거든."

글이란 것이 말하는 것과 다른 점은 오래, 그리고 선명하게 현재를 직시하게 만든다. 마치 선포하듯이. 그래서 그 새겨짐이 '나'를 늘 스스로 서게 만드는 요인이 될 수 있다.

불안한 요인을 글로 적어본 후 멀리서 바라보자

매우 주관적인 생각은 시간과 공간을 어느 정도 확보하면 객관성을 확보할 수 있다. 그래서 매우 주관적인 상태에서 이성을 회복하기 위해서라도 적어보는 것이 중요하다. 붙이는 메모지를 활용해서 자신의 불안감을 적은 후 벽에 붙여놓고 멀리서 바라보다가, 잠시 산책을 하고 난 후 다시 그 메모지를 바라보면 시간과 공간의 환기를 통해 어느 정도는 객관적으로 문제를 바라보게 되기도 한다.

때로는 기도문을 적어서 책상에 붙여두면 좋아

문득 써니의 책상을 지나치다보면 대여섯줄 정도의 기도문이 적힌 메모장이 붙어있기도 한다. 거창하거나 심오한 문장은 아니다. 매우 소소하고 소박하면서도 진정성 있는 소망을 적어서 붙여놓은 것이다. 때로는 유튜브에서 나오는 좋은 말을 적어서 붙여놓기도 한다. 역시나 쓰는 것에서 오는 성찰을 무시할 수는 없다.

이렇게 적어보는 것을 통합해서 적용해본다고 가정하자.

써니의 경우, 자녀가 어디 아프면 곧 죽음과 매치하곤 했다. 예를 들어 배가 아프다고 하면 혹시 탈장이 아닐까 하는 생각을 하곤 했다. 그래서 단순한 복통에도 구급차를 불렀던 적도 있다. 또는 아이가 진짜로 많이 아파서 병원에 입원했던 적도 있다. 이런 때 지금 같으면 병원에서 아이를 돌볼 때 이렇게 적을 수 있다.

"아이가 아프다고 하니 너무 무서워. 그래서 내 마음이 너무 불안해. 무슨 병인지 몰라서 그래. 조금만 기다려보자."

……

"병원에 바로 오게 되어 다행이야. 감사해."

……

"아이가 좀 울었지만, 다행히 링거를 잘 맞아서 감사해."

"남편이 바로 와 주어서 감사해."

……

"죽을 것 같지는 않아. 의사 선생님이 괜찮을거래. 그래서 너무 감사해."

이런 과정을 노트에 메모해도 좋고, 카카오톡 기능 중 '나에게 톡하기'를 통해 적어보아도 된다.

10. 즐겁고 행복한 일을 찾으라

쇼펜하우어는 최고의 지혜를 일컬어 현재를 즐기는 것이라 말했다. 그만큼 현재를 어떻게 지내느냐에 따라서 행복이 좌우될 수 있다. 현재를 즐기려면 모든 상황에서 가장 긍정적인 요소를 찾아내는 것이 필요하다. 어떤 사람은 10개의 상황 중 서너 개의 부정적인 요인

만으로도 불행하다고, 아무 것도 할 수 없다고 여기는 반면, 어떤 사람은 9개가 부정적이어도 단 하나의 요소를 가지고도 긍정적인 활동을 하기도 한다. 그것은 타고난 것이기도 하겠지만, 감사하는 마음과 관찰 등을 통해 훈련되어지기도 한다. 물론 이러한 훈련은 전문가들의 책 또는 상담을 통해서 이루어지는 경향이 있으므로 적극적으로 찾아보길 바란다. 중요한 것은 시도이다. 관찰하고 감사하고 긍정성을 높이는 것이 중요하다.

잘 하는 것을 나열하고, 그 중 즐거운 일에 투자하라

독서나 영화감상, 음악감상 등 일반적인 취미를 비롯해 본인이 잘 하거나 관심이 있는 것을 찾는 일에 적극적일수록 공황장애는 멀어진다. 사색하기, 만들기, 그리기, 연주하기, 음식 조리하기, 여행하기, 혼자 운동하기, 여럿이 운동하기, 탐색하기, 누군가 만나서 이야기하기 등 많은 것들을 적어보면서 본인에게 대입해보는 작업이 필요하다. 그리고 나서는 가장 손쉽게 할 수 있는 것부터 실천하면 된다.

정기적인 것과 비정기적인 것을 함께 계획하라

할 수 있거나 하고 싶은 목록이 정해지면 가급적 정기적인 계획을 세우는 것이 좋다. 또한 여행 같이 빠른 일정에 넣을 수 없는 것들은 서너 달, 또는 일 년에 한 번 정도를 세우되 구체적인 계획을 마련할수록 실행이 가능해진다.

매일 할 수 있는 것 한두 가지, 매주 할 수 있는 것 한두 가지, 매월 또는 서너 달에 할 수 있는 것 한두 가지를 섞어서 계획해보자. 삶도 알차게 변하지만, 공황장애도 잊고 살아갈 수 있다.

에필로그_ 모든 시작은 축복인 것을!

공황장애와 관련해서 여러 종류의 책을 읽었다. 실제로 많은 도움도 있었다. 특히나 뇌에 관련해서 신경계통을 이해하는 데 도움을 얻기도 하고, 기술적인 면에서의 치유 방법도 많이 알게 되었다. 그런데 또 한편으로는 너무 방대하기도 하고, 현실에서는 다소 공허한 실천력을 요구하기도 했기에 현실과 이상 사이에서 혼란스럽기도 했다.

가장 어려운 문제는 책들이 두껍고 그래서 시간을 많이 필요로 했으며, 그런 책들을 주위에 권하기 부담스럽다는 데 있었다. 써니가 상담해주는 사람들도 대부분 그런 종류의 책을 접해보지도 않았으면서 무작정 찾아오는 경우가 대부분이었다. 그렇게 힘들면 왜 힘든지 책이라도 좀 보고 오면 좋을 텐데 말이다. 그렇다. 그런 분들은 책 읽을 힘조차도 내기 어려운 분들이 많았다.

또 하나의 문제는 매우 전문적인 분들이 책을 썼다는 데 있다. 이 방면에 매우 권위가 있고 전문적인 지식이 있는 유능하신 분들이 저자로 참여하여 좋은 책들을 저술했겠지만, 필자는 어떤 면에서는 공황장애 환자의 가족으로서 최근거리에서 보고 느끼면서도 바로 알려주고픈 이야기를 쓰고 싶은 마음이 있었기에 이 책을 쓰게 된 것이다. 물론 그분들의 책을 읽을 수만 있다면 얼마든지 읽도록 권면하고 싶다. 근원적인 것에서부터 실제적인 것까지 많은 도움이 될 것이라 확신한다.

다만, 필자는 정신적인 문제를 겪는 분들에게, 그리고 그 주변부 사람들에게 비교적 손쉽게 비슷한 증상을 이해하고, 현실에서는 바로 적용할 수 있도록 하자는 목표에 부합하도록 이 글을 쓰게 되었다.

그러나 필자 역시 몇 번을 읽어도 현실과 이상 사이의 접점을 정확히 관통하지는 못했다는 자괴감이 들기도 한다. 그럼에도 불구하고 한 부분이라도, 아니 한 줄이라도 이 책이 도움이 되었다고 여기는 분이 계시다면 그분에게 이 책을 바치고 싶다.

써니의 공황장애 분투기

초판 발행 2023년 11월 20일

글쓴이 · **찬하**

발행처 · **㈜샘앤북스**

신고 제2013-000086호

서울시 영등포구 양평로22길 21, 선유도코오롱디지털타워 310호

Tel. 02-323-6763 / Fax. 02-323-6764

ISBN 979-11-5626-466-8 03120

ⓒ 써니, 2023

이 책의 저작권은 써니에게 있습니다.

이 출판물은 저작권법에 의해 보호를 받는 저작물이므로 무단 전재와 무단 복제를 할 수 없습니다.

저자와의 신뢰를 바탕으로 인지를 생략합니다.

책값은 뒤표지에 있습니다.

"맑은나루는 ㈜샘앤북스의 단행본 브랜드입니다"